인물로 보는 세계 역사

LIVE 세계사

⑪ 라틴 아메리카

천재교육

글 **이한율**

'세상을 놀이처럼 배울 수는 없을까?'라는 의문을 품고 작가가 되었습니다.
역사, 과학, 수학 등의 이야기를 만화 스토리와 콘티로 재미있게 풀어쓰는 작업을 하고 있습니다.
쓴 책으로는 《수학 요괴전》, 《꿈꾸는 유비쿼터스 세상(우수과학도서 선정)》, 《만화 아프리카의 눈물》,
《열려라 지하도시》, 《날아라, 우주공학단》 등이 있고, 어린이 과학 잡지 《우등생 과학》에 '불똥' 시리즈를
연재하였습니다.

만화 **서혁**

만화 웹진 〈아이코믹스〉에 단편으로 데뷔하여 어린이 과학동아에 〈사이버 수학 어드벤처〉, 매일 경제신문에
〈장미와 함께 배우는 경제〉, 어린이 동아 일보에 〈2100년 미래과학뉴스〉를 연재했습니다. 《꼬불꼬불 꿀잼 미로찾기》,
《영어와 쉽게 친해지는 알파벳 파닉스》, 《옛날 신문 속 숨은 그림 찾기》, 금성출판사의 《80일간의 세계 일주》,
《꿈을 이룬 사람들》, 삼성출판사의 《이이화 선생님이 들려주는 만화 한국사》, 아이휴먼의
《열려라 천일문! 영어 구출 대작전》 등에 그림을 그렸습니다.

학습·감수 **왕홍식**

고려대학교 역사교육과를 졸업하고 서울 보성중학교에서 역사를 가르치고 있습니다.
'어떻게 하면 역사를 잘 가르칠 수 있을까?' 고민하는 역사 교사들의 모임인 '역사사랑'에서 활동하고 있습니다.
2013년 중학교 역사 교과서를 집필하고, 《EBS 스토리 한국사》, 《EBS 필독 중학 한국사》, 《EBS 필독 중학 세계사》,
《생각하는 세계사》, 《살아 있는 세계사 교과서》, 《그림으로 보는 정의로운 인물들》 등의 집필에 참여했습니다.

LIVE 세계사 ⑪ 라틴 아메리카

발행 | 2023년 1월 25일 초판 **인쇄** | 2023년 1월 18일 1쇄
발행처 | (주)천재교육
글 | 이한율 **만화** | 서혁 **삽화** | 이연 **학습·감수** | 왕홍식
편집 | 천재교육 만화사업팀 **북디자인** | Design Plus
사진 제공 | 셔터스톡, 천재 포토, 위키피디아
신고번호 | 제2001-000018호(1980.5.28)
팩스 | 02-3282-1717
고객만족센터 | 1577-0902
주소 | 08513 서울특별시 금천구 가산로9길 54
홈페이지 | www.chunjae.co.kr

ISBN 979-11-259-7045-3 74900
ISBN 979-11-259-7034-7 74900 (세트)

인물로 보는 세계 역사

LIVE 세계사

⑪ 라틴 아메리카

라틴 아메리카 역사 인물을 만나 보아요.

우리나라의 지구 반대편, 라틴 아메리카는 멕시코와 아르헨티나, 브라질, 칠레, 페루 등 33개국에 6억 명이 넘는 사람이 사는 곳이에요. 미국과 멕시코의 국경인 리오그란데강 남쪽으로 유럽의 라틴계 백인 문화가 지배적인 곳이지만, 이 땅에는 훨씬 전부터 원주민이 살고 있었지요. 그들은 우리와 같은 아시아계 사람들로, 잉카, 마야, 아스테카 등 화려한 고대 문명을 일으킨 주인공이기도 해요. 하지만 유럽의 침략으로 이곳은 백인들의 식민지가 되었어요. 전염병과 학살로 수많은 원주민이 죽자, 유럽의 침략자들은 아프리카에서 흑인들을 잡아 와 노예로 부렸지요. 그 결과 라틴 아메리카에는 다양한 인종이 살게 되었고 수많은 혼혈과 피부색에 따른 차별이 등장하게 되었어요.

우리가 처음 만날 인물은 아스테카 왕국과 잉카 제국의 마지막 황제 몬테수마 2세와 아타우알파예요. 이들은 스페인 침략자에 맞서 싸웠지만 패하고 말았어요. 이후 라틴 아메리카는 오랫동안 스페인과 포르투갈의 지배를 받았고, 라틴 아메리카에서 태어난 스페인인들은 스페인 본국 정부의 차별에 맞서 자유와 독립을 위해 싸웠어요. 바로 라틴 아메리카 해방자로 불린 시몬 볼리바르가 그 중심에 있어요. 이런 노력으로 많은 나라가 독립을 이루었지만, 자유를 억압하는 독재 정치가 등장했지요. 체 게바라 등은 독재 정치에 맞서 혁명을 일으키기도 했어요.

여전히 삶이 쉽지 않은 라틴 아메리카 사람들을 위로하는 것은 삼바 축제와 축구예요. 특히 축구는 사람들의 마음을 묶는 데 큰 역할을 했어요. 역사상 가장 위대한 축구 선수인 펠레는 조국 브라질에 월드컵 우승을 안겨 주면서 국민 영웅으로 떠올랐고, 전 세계 사람들로부터 존경과 사랑을 받았지요. 그럼 이 인물들과 함께 라틴 아메리카의 역사를 좀 더 알아볼까요?

왕홍식
서울 보성중학교 교사

나비 효과! 연약한 나비의 날갯짓 하나가 지구 반대편에 있는 나라에 큰 태풍을 만들어 낼 수 있다는 뜻이에요. 지구촌에 사는 우리 모두가 밀접하게 서로 영향을 주고받는다는 것을 보여 주는 말이지요. 《LIVE 세계사》는 세계인과 친구가 되고 함께 살아갈 여러분에게, 흥미 있는 세계사를 보여 줄 것입니다.

김태규
서울 장충고등학교 교사

우리가 살아가는 지구에는 수많은 나라와 역사가 있어요. 역사 속 사람들을 알고 싶다면 《LIVE 세계사》를 읽어 보세요. 여러분이 꼭 알아 두면 좋을 인물을 중심으로 한 재미있는 만화를 읽을 수 있어요. 주변 국가의 이야기나 우리나라 역사와 관계있는 이야기도 담겨 있어 깊이 있게 세계사를 만날 수 있을 거예요.

김현숙
서울 덕수중학교 교사

《LIVE 세계사》는 세계 여러 나라의 역사를 중요 인물과 사건을 통해 살펴보고, 이와 관련된 주변 나라의 역사와 나아가 세계 역사 흐름을 살펴보려는 책입니다. 인물과 사건, 그리고 유적과 유물을 통해 세계는 연결되어 있고, 과거와 현재가 이어지고 있음을 알 수 있습니다.

황은희
서울 창림초등학교 교사

여러분이 친구들과 많은 것을 함께 나누는 것처럼 세계 여러 나라 사람들도 이웃 나라, 심지어 지구 반대편 먼 나라 사람들과 만나 많은 것을 주고받았어요. 그 결과물이 세계사이지요. 《LIVE 세계사》는 곳곳에 우리나라 이야기도 들어 있어 편하게 만날 수 있을 거예요.

이강무
서울 인창중학교 교사

이 책의 특징

1. 여행 지도

해당 나라의 지도와 함께 수도, 언어, 기후, 국기 등 기본 정보를 알아봅니다.

2. 만화와 정보 박스

세계 역사 속 주요 인물을 재밌는 스토리와 함께 만화로 만나 봅니다. 정보 박스를 통해 놓치기 쉬운 학습 정보를 보충합니다.

체 게바라 (1928년~1967년)

체 게바라는 아르헨티나의 부유한 가정에서 자라나 운동과 여행 그리고 문학을 사랑하는 청년이었어요. 의과 대학을 졸업하고 친구와 떠난 여행은 그의 인생을 *송두리째 바꾸었죠. 사람들의 비참한 삶, 불평등에 대한 슬픔과 분노는 그를 혁명가의 길로 이끌었답니다. 그리고 동지들과 함께 쿠바 독재자를 몰아내고 혁명에 성공했어요. 잠시 쿠바의 국립 은행 총재와 장관 등을 지낸 그는 1965년 편지 한 통을 남긴 채 쿠바에서 사라졌어요. 또다시 혁명의 길로 뛰어든 그는 1년 후 볼리비아 반군을 이끌다 처형되었어요. 삶의 마지막 순간까지 자신의 신념을 따랐던 그는 영원한 혁명가로 기억되고 있어요.

*에 필요한 정보를 얻기 위해 적의 상황 혹은 위치를 파악하는 일.

3. 세계사 들여다보기 / 세계사 넓게 보기 / 세계사 깊게 보기

해당 나라에 관련된 정보를 읽고, 그 시기에 주변 나라와 우리나라는 어떤 일이 있었는지 살펴봅니다.

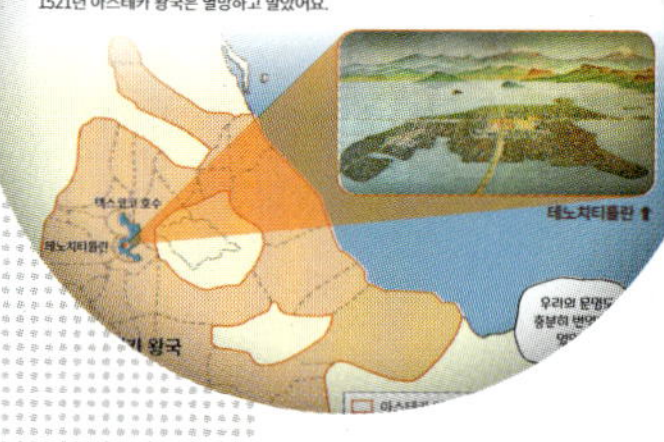

보기 · 라틴 아메리카

스테카 왕국

아스테카 왕국은 지금의 멕시코 지역에서 14~16세기에 번성했던 나라예요. 아스테카족은 스스로 '멕시카'라고 불렀어요. 오늘날의 멕시코라는 나라 이름이자 수도 이름이 여기에서 생겨난 거예요. 전성기에는 지금의 과테말라, 엘살바도르, 온두라스를 지나 니카라과까지 뻗은 거대한 제국이었어요. 수도 테노치티틀란에는 10만 명 정도가 살아, 당시 유럽을 대표하던 영국의 런던이나 프랑스의 파리보다 인구가 많았다고 해요. 하지만 스페인에서 온 침략자 코르테스는 아스테카 왕국의 동맹 도시들을 하나씩 없애며 테노치티틀란을 압박했고, 결국 1521년 아스테카 왕국은 멸망하고 말았어요.

4

놀이 퀴즈

미로 찾기, 가로세로
낱말 퀴즈, 사다리 타기 등
재밌는 퍼즐을 이용해
학습한 내용을
확인해 봅니다.

5

문제 퀴즈

세계사와 관련된 다양한
유형의 문제를 풀면서
학습한 내용을 점검하고
교과를 비롯한 여러 가지
시험에 대비합니다.

6

연표

인물과 사건을 중심으로
역사의 흐름을 이해하고
같은 시기에 우리나라와
다른 나라에서 일어난
사건과 비교해 봅니다.

라틴 아메리카

뜻

라틴 아메리카는 옛날에 유럽 라틴 민족 국가의 지배를 받아
라틴 문화권이라는 공통의 문화적, 역사적 배경을 가지고 있는
아메리카 지역을 뜻하는 말이에요.
앵글로·색슨의 지배를 받은 미국과 캐나다 지역을 뜻하는
'앵글로·색슨 아메리카'와 짝이 되는 단어예요.

나라

과테말라, 니카라과, 멕시코, 베네수엘라, 볼리비아, 브라질,
아르헨티나, 아이티, 에콰도르, 엘살바도르, 온두라스, 우루과이, 칠레,
코스타리카, 콜롬비아, 쿠바, 파나마, 파라과이, 페루 등이 속해요.

언어

브라질에서는 포르투갈어를 사용하고
그 외의 나라에서는 스페인어를 사용해요.

지리

아메리카 대륙의 중남미, 북위 32도와 남위 54도 사이에 위치해 있어요.
서쪽에는 안데스 산맥이 남북으로 길게 뻗어 있고, 동쪽은 브라질 고원 등
낮은 지대로 이루어져 있지요. 남쪽은 초원이 넓게 발달했어요.

기후

남북으로 넓게 차지하고 있으므로 다양한 기후가 나타나요.
적도를 지나는 지역은 기온이 높고 습한 열대 기후에 속하며,
남쪽은 지중해성 기후와 온대 기후에 속해요.

종교

가톨릭교를 가장 많이 믿으며, 개신교가 뒤를 잇고 있어요.

산업

석유 및 가스, 은, 주석, 철광석 등
풍부한 천연자원과 농산물 등을 주로 수출하고, 관광업이 발달했어요.

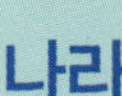

쿠바
도미니카 공화국
온두라스
아이티
과테말라
푸에르토리코
엘살바도르
니카라과
대 서 양
코스타리카
파나마
베네수엘라
콜롬비아
에콰도르
브라질
페루
볼리비아
파라과이
칠레
아르헨티나
우루과이

해리

이상한 나라의 정원사.
격투기에 뛰어나며,
힘이 아주 세요.

그루

이상한 나라의 요리사.
남을 잘 보살피지만
음식 앞에서는 약해져요.

듬이

다정하고 친절한
순둥이 북극곰이지만
듬직한 친구예요.

하트 공주

이상한 나라
하트 여왕의 외동딸.
자기만의 왕국을
세우려고 해요.

가로

하트 공주의 부하.
충성심으로 가득하지만
엉뚱한 행동으로 일을
그르치기도 해요.

세로

하트 공주의 부하.
공주의 말이라면 무조건
따르며, 눈치가 빨라
행동도 빨라요.

몬테수마 2세

아스테카 왕국의 마지막 황제.
영토를 최대로 넓히며 세력을
키웠으나 스페인의 침략을
받고 무너졌어요.

아타우알파

잉카 제국의 마지막 황제.
스페인의 침략자 피사로와
맞서 나라를 지키려 했으나
실패했어요.

시몬 볼리바르

독립 영웅. 콜롬비아,
베네수엘라, 에콰도르, 페루,
볼리비아를 스페인으로부터
해방시켰어요.

체 게바라

혁명가. 동지들과
쿠바 혁명을 성공시켰고,
마지막까지 자신의 신념을 따르는
삶을 살았어요.

펠레

브라질의 축구 선수.
현재까지 축구 경기에서
가장 많은 골을 넣은
전설의 선수예요.

차례

이상한 나라 안내서
여기는 이상한 나라.
세상의 지식과 상상이 모여 만들어진 마법의 나라예요.
하트성
레스토랑
도서관
정원
음악관
인간, 동물, 요정, 마법사, 책 속의 인물 등 다양한 이들이 살고 있지요.

이상한 나라에서 가장 중요한 곳은 도서관이에요. 인간 세계와의 균형을 보여 주는 절대시계가 있거든요. 인간 세계가 흔들리면 여기도 무사하지 못해요.
도서관에 인간 세계로 넘어가는 시간의 문이 있다는 건 안 비밀!
껄껄
이상한 나라는 항상 평화로워요.
가끔 하트성에 사는 공주가 말썽을 일으킬 때 빼고는요.
엄마, 미워!
너 사춘기니?
오늘은 어떤 하루가 시작될까요?
덜
덜
덜

이번엔 대륙이다!

16

***심다** 풀과 나무의 뿌리나 씨앗 따위를 흙 속에 묻다.
***토르티야** 옥수숫가루나 밀가루를 반죽하여 팬에 구워 만든 멕시코 빵.

***원산지** 동식물이 맨 처음 자라난 곳.
***식민지** 정치적·경제적으로 다른 나라의 지배를 받아 국가로서의 힘을 상실한 나라.

해리야, 그루야!
라틴 아메리카의 역사
모모? 무슨 일이야?
불길한 예감이 드는데.
타 타 탁
또 하트 공주야?
하트 공주가 라틴 아메리카 역사책을 찢어 갔어!
맙소사! 방금 내가 말한 책이야!
라틴 아메리카에도 인재들이 많더군! 이번에는 반드시 데려올 거야!
뭐?
오호호호홋

해리야, 그루야. 공주가 찢어 간 부분을 찾아 줄래?
절대시계의 바늘이 벌써 거꾸로 돌고 있어. 역사가 틀어지기 시작한 거야!
당연하지! 그 책은 나도 읽고 싶었다고!
휴~, 토르티야는 다녀와서 만들어야겠군.
안 돼!
척
이상한 나라와 인간 세계의 균형을 바로잡는 거야!
우우우웅
공주를 막고, 책을 되찾자!
라틴 아메리카로 출발!

아스테카 문명의 위기

20 *피라미드 돌이나 벽돌을 쌓아 만든 사각뿔 모양의 거대한 건축물로, 이집트에서는 주로
왕이나 왕족의 무덤이지만 라틴 아메리카에서는 의식과 예배가 이루어지는 곳임.

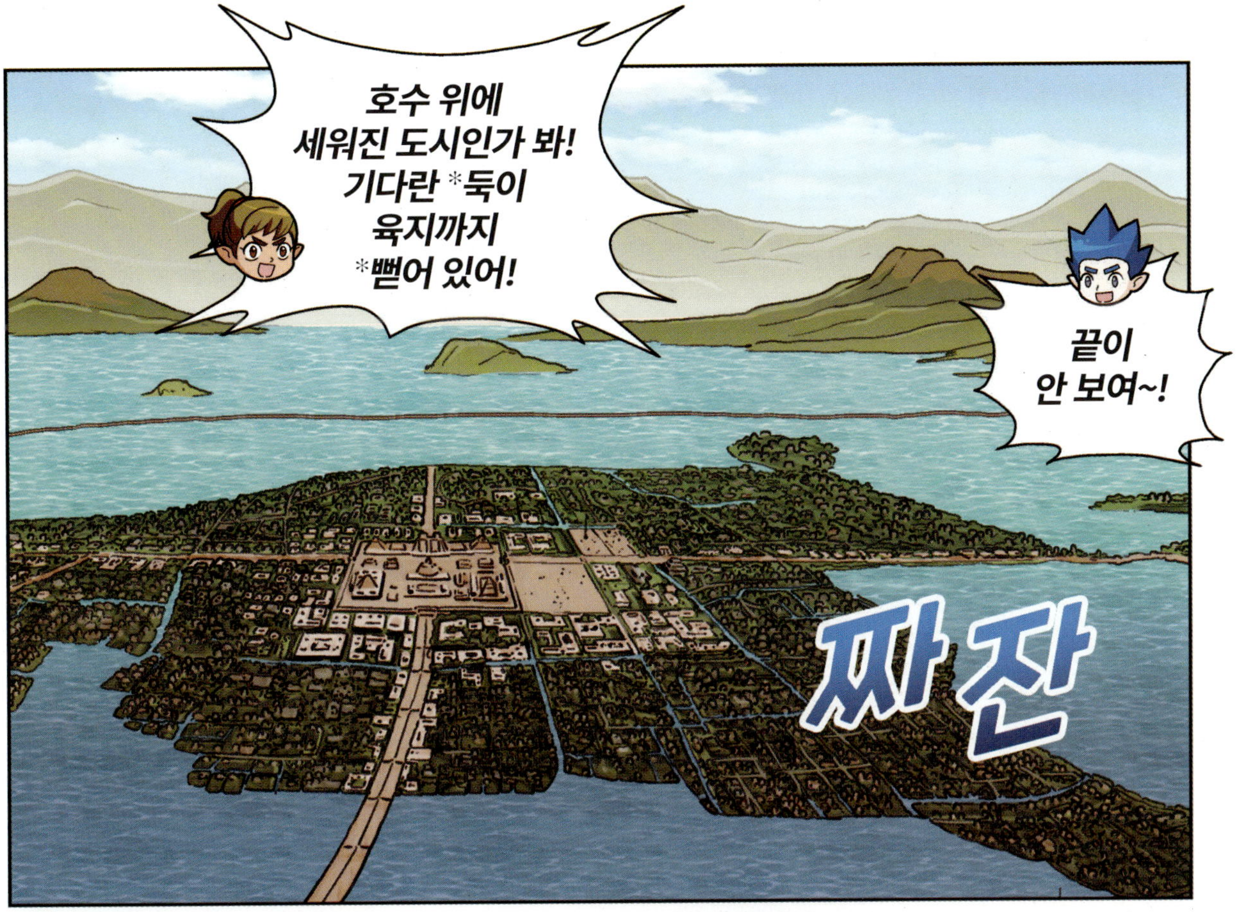

*둑 하천이나 호수의 물, 바닷물이 넘치는 걸 막기 위하여 설치하는 시설.
*뻗다 길이나 강, 산맥 따위의 긴 물체가 어떤 방향으로 길게 이어져 가다.

***주변국** 나라의 힘이 약해 강대국의 영향을 강하게 받는 나라.
***호령하다** 부하나 동물 따위를 지휘하여 명령하다.

***침략** 정당한 이유 없이 남의 나라에 쳐들어감.
***지도자** 사람이나 집단을 앞장서서 이끄는 사람.

*함부로 조심하거나 깊이 생각하지 않고 마음 내키는 대로 마구.
위대하다 뛰어나고 훌륭함.

*동맹 서로의 이익이나 목적을 위해 동일하게 행동하기로 맹세하여 맺는 약속.
*굴복 힘이 모자라서 남의 명령을 그대로 따름.

*이방인 다른 나라에서 온 사람.
*술렁이다 어수선하게 소란이 읾.

몬테수마 2세 (1466년~1520년)

몬테수마 2세는 아스테카의 9대 왕으로, 가장 넓은 영토를 만들어 오늘날 멕시코에서 온두라스와 니카라과까지 지배했어요. 하지만 주변 부족에게 많은 *재물을 요구해 이에 대한 반발로 점차 힘이 약해졌지요. 이때 스페인의 코르테스가 아스테카를 침략하며, 아스테카에 맞선 부족들과 손을 잡았어요. 몬테수마 2세는 수도 테노치티틀란으로 코르테스를 *유인해 공격하려 했지만, 함정인 것을 들켜 오히려 포로가 되고 말았어요. 결국 몬테수마 2세가 코르테스에게 굴복하자, 분노한 백성들로부터 돌과 화살을 맞고 목숨을 잃었다고 전해지고 있어요.

*재물 돈 또는 값나가는 물건.
*유인하다 주의나 흥미를 일으켜 꾀어냄.

*노예 남의 소유물로 되어 부림을 당하는 사람.
*기회 어떠한 일이나 행동을 실행하기 좋은 때.

***원주민** 그 지역에 본디부터 살고 있는 사람들.
***세력** 어떤 속성이나 힘을 가진 집단.

*이방인 다른 나라에서 온 사람.

***호들갑** 야단스러운 말이나 행동.
***혼란스럽다** 보기에 뒤죽박죽이 되어 어지럽고 질서가 없는 데가 있음.

***원수** 원한이 맺힐 정도로 자기에게 해를 끼친 사람이나 집단.
***이를 갈다** 몹시 화가 나거나 분을 참지 못해 독한 마음을 먹고 벼름.

***속셈** 마음속으로 하는 궁리나 계획.
***자초** 어떤 결과를 자기가 생기게 함. 또는 제 스스로 끌어들임.

*환영 오는 사람을 기쁜 마음으로 반갑게 맞음.
*불행 행복하지 않음.

***포기** 하려던 일을 도중에 그만두어 버림.
***고생** 어렵고 고된 일을 겪음. 또는 그런 일이나 생활.

***여차하다** 일이 뜻대로 되지 않음.
***파악** 어떤 대상의 내용이나 본질을 확실하게 이해하여 앎.

코르테스 일행은 수개월 동안 궁전에 머물다가 갑자기 귀족들을 죽이고 몬테수마 2세를 사로잡는대.

사람들이 가만있었어?

처음엔 시민들에게 쫓겨났지만, 결국 다시 돌아와 아스테카 왕국을 무너뜨렸대.

그렇게 왕국이 *한순간에 *허망하게 무너지고 말아.

*한순간 매우 짧은 동안.
*허망하다 어이없고 허무함.

화
악
으악! 눈 부셔!
웬 빛이야?
오호호홋!
위대한 하트 공주님 등장이오!
쿵
대체 무슨 속셈이에요?!
공주님?

으악!
내 눈!

호호홋!
앞이
안 보이지?

이게 무슨
일이지?!

빛은 나를
돋보이게 하고,
사람들의 눈을
멀게 하지,
호호홋!

폼 나게
몬테수마 2세를
데려가야지~!

비겁해요!
이 틈에 납치하려는
거군요?!

뭐?
거기
누구냐!!

쮸
아 아악
몬테수마 2세,
나의 충성스러운
신하가 되거라!
몬테수마 2세
쿼!
쿵
우엑!
눈을
감다니!

*흑요석 마그마가 식으면서 굳어져 이루어진 돌의 종류 중 하나.
*돌격 갑자기 적진으로 곧장 나아가 공격함.

당장
카드 내놔요!
역사에
함부로 끼어들면
안 된다고요!
대제국의 황제가
이대로 죽게
놔두는 건 괜찮고?
타
다
닥
정지!
더 이상
다가오면
공격하겠다!
쿵
해보자
이거지?!
슈우웅

차앗!
캉!
욱!
캉!
우수수수
쇠로 된
스페인 방패지롱~!
흑요석이
떨어져
나가다니!
돌로
바위치기군!
이러니 상대가
안 된 거야!

*방심 마음을 다잡지 아니하고 풀어 놓아 버림.

놓치다니, 분해!
무기에서 너무 차이가 났어.
흑요석 무기와 가죽 갑옷이 유럽의 강철 무기와 화약을 이길 수는 없었겠지.
아스테카는 아직 돌로 만든 무기를 사용하니까. 우린 최선을 다한 거야.
지금 무기 얘기할 때가 아니야. 얼른 공주님을 따라가자.
그래, 출발!
같이 가!

아스테카 왕국

아스테카 왕국은 지금의 멕시코 지역에서 14~16세기에 번성했던 나라예요. 아즈텍족은 스스로 '멕시카'라고 불렀어요. 오늘날의 멕시코라는 나라 이름이자 수도 이름이 여기에서 생겨난 거예요. 전성기에는 지금의 과테말라, 엘살바도르, 온두라스를 지나 니카라과까지 뻗은 거대한 제국이었어요. 수도 테노치티틀란에는 10만 명 정도가 살아, 당시 유럽을 대표하던 영국의 런던이나 프랑스의 파리보다 인구가 많았다고 해요. 하지만 스페인에서 온 침략자 코르테스는 아스테카 왕국의 동맹 도시들을 하나씩 없애며 테노치티틀란을 압박했고, 결국 1521년 아스테카 왕국은 멸망하고 말았어요.

테노치티틀란과 멕시코 국기

신화에 따르면 어느 날 신이 아즈텍족의 족장에게 나타나 '독수리가 발톱으로는 선인장 위의 뱀을 누르고, 부리로는 뱀을 물고 있는 땅에 가서 수도를 정하라'고 했답니다. 아즈텍족은 남쪽으로 내려오다 1218년경 텍스코코 호수에 다다랐고, 이 호수 한복판의 섬에서 신이 말한 장면을 보게 되어 그곳에 수도 테노치티틀란을 세우고 정착합니다. 테노치티틀란은 '신이 머무는 곳'이라는 뜻이에요. 이후 스페인의 침략으로 모두 파괴된 뒤에는 호수를 흙으로 메워 지금의 멕시코 수도인 멕시코시티가 세워졌어요. 멕시코 국기에 독수리와 선인장, 뱀 문양이 있는 이유랍니다.

멕시코의 국기 ➡
멕시코 국기에는 선인장 위에서
뱀을 물고 있는 독수리가 그려져 있어요.

⬇ **수도 테노치티틀란의 모습 재현도**

마야 문명

마야 문명은 아스테카와 잉카보다 훨씬 오래된 문명이에요. 멕시코의 유카탄반도에서
3~9세기까지 번영했다고 전해져요. 아스테카와 잉카 문명은 마야 문명의 영향을 받았죠.
마야인들은 수학, 천문학 등에서 높은 수준을 이루었다고 해요. 그들은 이미 숫자 0의 개념을
알았고, 막대기와 점 모양을 이용해 숫자를 만들었죠. 이를 바탕으로 세계 최고 수준의 천문학을
발전시켰고요. 그들이 만든 달력은 1년이 365.2420일인데, 오늘날의 365.2422일과 비교해
차이가 거의 없답니다. 또한 '태양의 피라미드'를 보면 그들의 뛰어난 건축술을 알 수 있죠.

↑ 마야의 달력

마야의 수 ➡

↑ 마야 태양의 피라미드

멕시코시티 근교 테오티우아칸에는 피라미드가 모여 있어요.
그중 규모가 큰 것은 이집트 기자에 있는 피라미드와 맞먹을 만큼 거대하다고 합니다.

① 답장

아메리카에서 온 옥수수

오늘날 옥수수는 전 세계 사람이 즐겨 먹는 음식이지만, 원래 옥수수는 아메리카 땅에서만
자랐어요. 16세기 이후 아메리카가 세상에 알려지면서 옥수수도 전 세계로 빠르게 전해졌어요.
우리나라에도 16세기에 중국을 통해 들어왔어요. 옥수수라는 이름도 위수수(玉蜀黍)의
한자음에서 유래되었어요. 이후 지방에 따라 옥수수, 옥시기, 옥쉬이 등으로 불리었어요.
옥수수는 일손이 많이 필요하지 않고 어떠한 땅과 기후에도 잘 자랐어요. 이 때문에
옥수수는 쌀을 재배하지 못하는 산간 지대에서 쌀 대신 우리의 배고픔을 해결하는 중요한
작물이었답니다.

잉카의 마지막 황제

*고대 옛 시대.
*탐내다 가지거나 차지하고 싶어 함.

도둑?
도둑 잡아라!
타타타닥
어? 가로와 세로 아냐?
두둥
발자국 방향에서 내려왔다는 건?
뭔가 있어! 잡아서 물어보자!

*대낮 환하게 밝은 낮.
*꿍꿍이 혼자 마음속으로 어떤 일을 꾸며 우물쭈물하는 속셈.

어떡해…
아침에 해안에서 갓 잡은 건데! 황제께 올릴 거란 말이야.
도와줘, 얘들아!
이리 내 놔!
홱
가로, 세로 너희들…!
무슨 꿍꿍이인지 말하라고!
휘익
퍽
까울!

*미끼 사람이나 동물을 꾀어내기 위해 사용하는 물건 또는 수단.
*접근하다 사람이나 사물에 가까이 다가감.

*배달 물건을 가져다 나름.
*착각하다 어떤 사물이나 사실을 사실과 다르게 잘못 느낌.

***연락병** 부대에서 문서나 말을 전하는 임무를 수행하는 군인.
***특산물** 어떤 지역의 특별한 생산물.

***검색하다** 정보를 검사하여 찾아봄.
***침략** 정당한 이유 없이 남의 나라를 침범하여 영토를 빼앗음.

*현장 일이 생긴 그 자리.
*납시다 '나가시다'의 뜻으로 지위가 매우 높은 사람에게 사용하는 말.

아타우알파 (1502년~1533년)

아타우알파는 잉카의 마지막 황제예요. 1532년 스페인 침략자인 피사로의 군대가 잉카 군대와 맞붙었어요. 당시 피사로 일행은 고작 168명이었지만, 잉카에는 없는 총과 대포가 있었어요. 그들은 총과 대포로 4만이 넘는 잉카 군대를 순식간에 무너뜨리고 아타우알파를 사로잡았어요. 그날 피사로 군대의 *사망자는 단 한 명도 없었다고 해요. 포로가 된 아타우알파는 자신의 몸값으로 어깨 높이에 이르는 황금을 방 안 가득 채워주겠다고 제안했어요. 그리고 피사로 일행이 지켜보는 가운데 *어마어마한 양의 황금으로 그 방을 채웠어요. 약속을 지킨 아타우알파가 피사로에게 풀어 달라 요구했지만, 피사로는 그를 처형했어요.

*사망자 죽은 사람.
*어마어마하다 엄청나고 굉장함.

***강하다** 수준이나 정도가 높고 굳세어 굴함이 없음.
***예감** 어떤 일이 생길 것 같은 느낌.

***수상하다** 행동이나 분위기가 이상하고 의심스러움.
***노리다** 재산이나 목숨을 빼앗거나 차지하려고 벼름.

* **삼엄하다** 무서우리만큼 질서가 바로 서고 엄숙함.
* **자만하다** 자신에 대해 스스로 자랑하고 뽐냄.

***내전** 나라 안에서 일어나는 전쟁.
***화승총** 불을 붙여 발사하는 구식 소총.

***기습** 상대가 생각지 않을 때 몰래 움직여 갑자기 공격함.
***수사** 가톨릭 수도회에 들어가 수도 생활하는 남자.

*개입 타인의 일에 끼어듦.
*신앙 신과 같은 성스러운 존재를 믿고 복종함.

*다짜고짜 일의 앞뒤와 상관없이 단숨에 들이덤빔.
*결렬되다 의견이 일치하지 않아 따로따로 갈라서게 됨.

*기병 말을 타고 싸우는 군인.

기습이다!
콩
천둥이 울리고 불꽃이 일어난다!
콩
다그닥
저 커다란 동물은 뭐야?
초대는 함정이었구나! 비겁한 놈들!
황제를 끌어내려!
으악!
콰악

***납치하다** 불법적으로 사람을 위협해 강제로 데리고 감.
***한발** 어떤 동작이나 행동이 약간의 간격을 두고 일어남을 나타내는 말.

역시 아타우알파를 노리고 있군요! 왜죠?
황제 이전에 훌륭한 전사니까! 아타우알파를 요긴하게 쓸 거야.
지금 위험한 전쟁 중이니까 얼른 피하세요! 아타우알파는 잊어버리고요!
시끄러워! 내 마음대로 할 거야!
그만둬요!
후다닥
콩
으악!
우선 숨어서 포탄부터 피하자!

***실력** 사람이 어떤 일을 실제로 해내는 힘.
***대포** 화약의 힘으로 포탄을 멀리 쏘는 무기.

*학살 가혹하게 마구잡이로 죽임.
*무자비하다 인정이 없고 냉정함.

74

***저항하다** 어떤 힘에 굽히지 않고 버티며 반발함.
***밑져야 본전** 손해 볼 것이 없으니 한번 해 본다는 말.

***데려가다** 사람이 아랫사람이나 동물을 함께 거느리고 감.
***역사** 인류 사회의 발전과 관련하여 의미 있는 사실에 대한 기록.

***허망하다** 어이없고 허무함.

하트 공주도 있어!
호호호호
아타우알파, 나의 충성스러운 신하가 되거라!
쑤
으아아아아
악

*사기 의욕이나 자신감이 가득하여 굽힐 줄 모르는 기세.
*연막탄 폭발하면서 일시적으로 시야를 가리는 연기가 나오는 폭탄.

푸슉
앞이 안 보여!
푸슉
잘 있거라! 오호홋!
크흑! 비겁한 건 피사로나 공주나 똑같아!
이대로 포기할 수는 없지! 얘들아, 가자!
우우우웅
피사로도, 하트 공주도 너무 막무가내야!
당장 카드를 되찾자!

잉카 제국

멕시코 일대에서 아스테카 문명이 이름을 떨쳤다면, 안데스 고원에는 잉카 문명이 있어요. 13세기 무렵에 세워진 잉카 제국은 수도인 쿠스코를 중심으로 발전했어요. 쿠스코는 '세계의 배꼽'이라는 뜻이에요. 잉카인들은 자신들이 세계의 중심에 있다고 생각했거든요. 잉카 제국은 오늘날의 에콰도르, 볼리비아, 아르헨티나와 칠레의 일부, 콜롬비아 남부를 포함할 만큼 넓었어요. 그래서 제국 곳곳을 이어 주는 도로가 유명해요. 이 길을 따라 파발꾼이 뛰어서 각 지역의 산물을 운반했죠. 하지만 잉카 제국 또한 유럽의 침략으로 위기를 겪게 돼요. 스페인에서 온 피사로는 잉카 제국의 황제인 아타우알파를 포로로 잡아 황금을 빼앗았죠. 1533년 아타우알파가 죽으며, 잉카 제국은 역사에서 사라지고 말았어요.

잉카의 길

잉카 제국은 넓은 영토를 통치하기 위해 어디로든 닿을 수 있는 잉카의 길을 완성했어요. 안데스산맥을 북에서 남으로 가로지르고, 동에서 서로 잇는 길이 만들어졌죠. 수도 쿠스코를 중심으로 안데스 산길을 따라 사방으로 뻗은 길은 자그마치 3만 8천킬로미터나 되었다고 해요. 해발 5,000미터에 가까운 산악 지대에도 잉카의 길이 있답니다.

퀴즈 세계의 배꼽이라는 뜻을 가진 잉카 제국의 수도는?
① 쿠스쿠스　② 쿠스코

구름 위의 도시, 마추픽추

페루의 수도 리마의 동남쪽에 위치한 마추픽추는 해발 2,280미터 정상에 있어요. 두 개의 뾰족한
봉우리와 울창한 밀림에 가려 산 아래에서는 그 존재를 상상조차 할 수 없죠. 그래서 1911년
미국 예일대 고고학자가 우연히 발견하기 전에는 세상에 알려지지 않았어요. 마추픽추는 잉카
제국이 스페인의 공격을 피해 세운 도시라는 설도 있고 자연재해를 대비한 장소라는 설도
있어요. 이곳은 라틴 아메리카의 유적지 중 가장 많은 여행자가 가고 싶어 하는 곳이랍니다.

마추픽추의 건물

거대한 돌을 정교하게 쌓아 만든 성벽과 계단식 밭은 잉카인의
뛰어난 건축술을 잘 보여 줘요. 돌을 쌓아서 건물을 짓는데 이 돌을
네모반듯하게 만들어서 쌓는 것이 아니라 자연석 그대로 부분적으로만
갈아서 끼워 맞추었어요. 어찌나 돌을 잘 갈아서 만들었는지 크기가
제각각인 돌을 쌓았는데도 그사이에 빈틈이 전혀 없다고 해요. 게다가
몇 백 년 동안 무너지지 않고 그대로 유지될 정도로 튼튼하죠.

총·균·쇠로 무너진 원주민

1519년 코르테스는 아스테카 왕국을 정복했고, 10여 년 후에는 피사로가 잉카 제국을 멸망시켰어요. 원주민들은 총과 칼, 그리고 생전 처음 보는 말로 무장한 침략자를 당해 낼 수 없었어요. 침략자들은 원주민을 학살하고 크리스트교를 믿으라고 강요했지만 이보다 더 무서운 것이 있었죠. 바로 침략자들과 함께 온 홍역, 천연두, 티푸스 같은 전염병이었어요. 원주민들은 이 전염병에 면역이 전혀 없었기 때문에 수많은 사람이 고통 속에 죽어 갔어요. 총·균·쇠란 강력한 군대, 전염병 그리고 압도적인 기술력을 상징하는 단어랍니다.

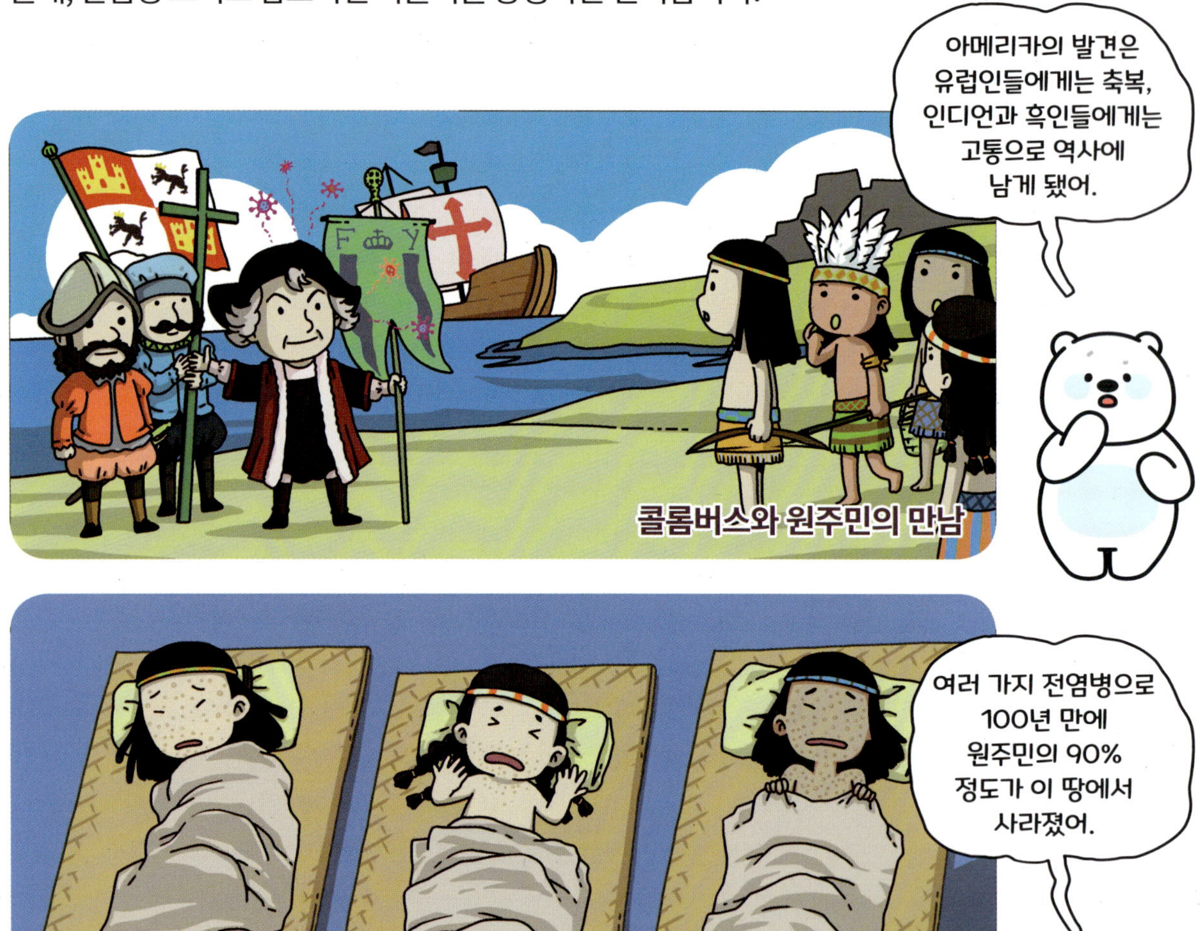

COVID19와 전염병

2020년 전 세계는 COVID19로 큰 위험에 부딪혔어요. COVID19는 변종을 만들어 내며 인류를 계속해서 위험에 빠트렸지요. 전염병은 오래전부터 인류 역사의 흐름을 바꾸었어요. 페스트, 천연두, 스페인 독감 등이 많은 사람의 생명을 빼앗았죠. 그런데 전염병이 왜, 자주 나타나는 걸까요? 바로 지구 온난화로 인한 환경 변화 때문이라고 해요. 기후 변화로 인류는 전염병뿐만 아니라 식량 부족, 식수 위협, 대기 오염 등과 같은 문제에 시달릴 수밖에 없어요. 우리나라도 예외는 아닙니다. 바로 모두가 함께 지구를 위해 어떤 일을 해야할 지 고민할 때예요.

라틴 아메리카의 해방자

*꾸미다 어떤 일을 짜고 만듦.
*독립 다른 것에 의존하지 않는 상태가 됨.

*노리다 남의 것을 빼앗기 위해 벼름.
*궁 임금이 살던 집.

*회담 어떤 문제와 관련하여 한 자리에 모여 토의함.
*긴장하다 마음이 편안하지 않고 바짝 경계함.

*방해 남의 일을 막거나 잘못되게 함.
*해방자 구속이나 억압에서 벗어나 자유롭게 해 주는 사람.

시몬 볼리바르 (1783년~1830년)

시몬 볼리바르는 콜롬비아, 베네수엘라, 에콰도르, 페루, 볼리비아 등
다섯 나라를 스페인으로부터 해방한 독립 영웅이에요. 오늘날에도
볼리바르는 라틴 아메리카의 '해방자'이자 '*국부'로 존경받고
있어요. 그에 대한 사람들의 사랑과 존경이 어찌나 대단한지
'볼리바르'라는 이름을 따서 나라 이름을 짓고, 화폐 단위, 지명에도
그의 이름을 붙였어요. 그는 젊었을 때 자유와 평등의 가치를 배우고,
유럽과 미국에 머무르면서 라틴 아메리카 독립을 꿈꾸었어요. 특히
미국의 발전을 보면서 라틴 아메리카도 미국처럼 *합중국이 되어야
한다고 생각해, '그란 콜롬비아'를 계획했으나 아쉽게도 실패했어요.

*국부 나라에 이바지한 것이 많아 국민으로부터 아버지처럼 존경받는 사람.
*합중국 둘 이상의 국가나 주가 독립된 법과 제도를 가진 채 한 나라로 활동하는 국가 형태.

*별명 사람의 외모나 특징을 바탕으로 지어 부르는 말.
*환영하다 기쁜 마음으로 반갑게 맞이함.

***정원사** 꽃밭이나 수목을 가꾸는 일을 하는 사람.

***농장** 농사지을 땅과 농기구, 가축을 갖추고 경영하는 곳.
***영웅** 지혜와 용기가 뛰어나 대중을 이끌며 해내기 어려운 일을 하는 사람.

***스승** 자기를 가르치고 이끌어 주는 사람.
***평등하다** 다른 사람과 차별 없이 고르고 한결같음.

*무시하다 사람을 업신여기고 깔봄.
*관리 국가나 지방 자치 단체에 고용되어 일하는 사람.

***차별** 둘 또는 여럿 사이에서 등급과 수준에 차이를 두어 구별함.
***누리다** 마음껏 즐기고 만끽함.

***시민 혁명** 자본가 계급이 봉건 제도를 물리치고 새로운 정치, 경제 체제를 만든 혁명.
***앞장서다** 가장 먼저 나서서 참여함.

산 마르틴은 아르헨티나와 칠레를 해방한 장군이야.
볼리바르가 북쪽의 독립 영웅이라면 산 마르틴은 남쪽의 독립 영웅이지.
베네수엘라
콜롬비아
에콰도르
페루
볼리비아
칠레
아르헨티나
볼리바르가 독립시킨 나라
산 마르틴이 독립시킨 나라
산 마르틴은 지금 페루를 해방하려고 스페인 군과 싸우고 있어.
볼리바르를 만나 페루를 독립시키기 위해 힘을 합치자고 말할 거야.
중요한 회담이라는 게 이거였구나!
정말 훌륭한 인재들이지? 내 왕국의 장관으로 딱 맞아!
쿵!!
스
윽

***노리다** 목적을 가지고 눈여겨봄.
***탐나다** 마음에 들어 갖고 싶은 생각이 읾.

***헷갈리다** 혼란스럽게 구분되지 않음.
***상대하다** 서로 겨룸.

역시 공주님은 머리가 좋으세요!
이제 알았어? 호호홋!
자기들끼리 뭐라고 속삭이는 거야?
씩
씩
두 사람을 나눠서 지켜봐야겠어.
휴, 역시 공주님의 행동은 알 수가 없다니까.
후다닥
아무 짓도 못하게 당장 공주님을 붙잡자!
이렇게 사람들이 많은 데서 싸울 순 없어.
뭐? 둘 다 지켜볼 수밖에 없겠네. 둘은 산 마르틴을 지켜.
끄덕
잠깐! 하트 공주가 사라졌어!

***물러나다** 하던 일이나 지위를 내려놓고 나옴.
***반드시** 틀림없이 꼭.

***총지휘권** 어떤 단체나 군대 전체를 통솔할 수 있는 권한.
***경쟁적** 이기거나 앞서기 위해 다투는 것.

그나저나 공주님은 왜 이틀 내내 안 보이는 거야? 회담을 보고 결정한다더니…
그러게. 둘 다 지켜봤지만 보이지도 않아.
두리번
두리번
앗! 볼리바르와 산 마르틴이 떠나고 있어!

공주가 나오나 잘 지켜보자고!
몸조심해!
후다닥

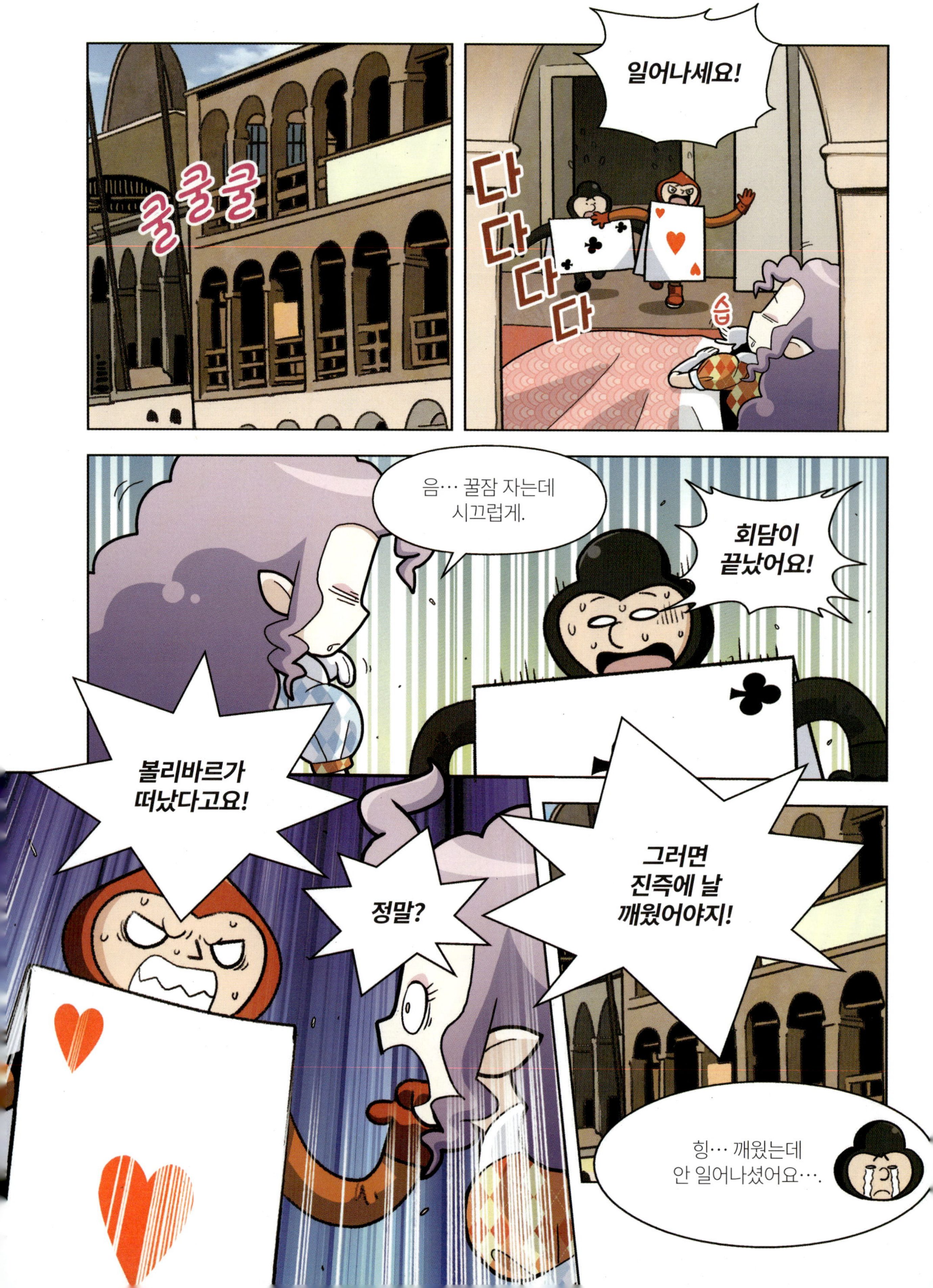

쿨 쿨 쿨

일어나세요!
다
다
다
다
슥

음… 꿀잠 자는데 시끄럽게.
회담이 끝났어요!
볼리바르가 떠났다고요!
정말?
그러면 진즉에 날 깨웠어야지!
힝… 깨웠는데 안 일어나셨어요….

*쫓아가다 어떤 사람이나 물체의 뒤를 급하게 따라감.
*꽤 보통보다 조금 더한 정도로.

***따라잡다** 앞서가는 것을 따라가서 나란히 됨.
***흡수하다** 빨아들임.

*비겁하다 떳떳하지 못하고 겁이 많음.
*미행 몰래 주변을 살피며 다님.

순진하기는!
그건 너희를 찢어 놓기 위한
거짓말이었다!
처음부터 목표는
볼리바르였지!
뭐라고요?
어쩐지!
그래서 회담장에는
나타나지도 않았군요?
내가 거길
뭐 하러 가?
난 회의라면
질색인데.
볼리바르를
데려가도록
두지 않을
거예요!
흥!
내 맘이다!
너 혼자서는
우리를 막을 순
없을걸?
이렇게 나온다면
나도 생각이 있지!
척
!
스윽

여기 스페인 첩자가 나타났어요!
수상한 자들이에요!
첩자라고? 잡아라!
너 이러기야?
혼자선 안 되니 도움을 청할 수 밖에요.
메롱~
어휴, 얄미워!
다 그 닥
방
방

***싸우다** 서로 이기려고 다툼.
***시대** 역사적으로 어떤 표준에 의하여 구분한 기간.

*수상하다 보통과 달리 이상하고 의심스러움.
*경계 어떤 지역과 다른 사이를 구분하는 한계.

*무사히 아무 탈 없이.
*나타나다 보이지 않던 대상의 모습이 드러남.

너 혼자
공주님을 막았구나,
대단하다!
머리를 좀 썼지!
그런데
이럴 때가 아냐.
?
타핫!
공주님이
다른 시대로
간다고 했거든!
그렇다면
당장
따라가야지!
우우웅

독립을 이끈 크리오요

라틴 아메리카는 오랫동안 스페인과 포르투갈 등에 식민 지배를 받았어요. 시간이 지나면서 라틴 아메리카에서 태어난 스페인 사람도 많아졌죠. 이들을 크리오요라고 해요. 크리오요는 무역으로 성공한 사업가나 땅을 많이 차지한 대지주였어요. 하지만 그들은 높은 관직에 오를 수 없었고, 스페인 본국에서 온 관리들의 지배를 받아야 하는 처지였어요. 스페인은 식민지에 높은 세금을 물렸고, 본국 상품과 경쟁이 될 만한 작물 재배를 금지했어요. 결국 크리오요는 본국에서 벗어나기 위해 독립운동을 주도하게 되었답니다.

그란 콜롬비아의 실패

18세기 북아메리카에서 영국으로부터 독립한 아메리카 합중국(미국)이 등장했어요. 이에
볼리바르는 라틴 아메리카를 미국처럼 하나의 연방 공화국으로 만들고 싶었죠. 그래서
베네수엘라, 콜롬비아, 에콰도르를 합친 그란 콜롬비아를 선포하고 대통령에 취임했어요.
그리고 1826년 라틴 아메리카 연방 공화국을 수립하기 위해 파나마 회의를 소집했죠. 그러나
지역 간의 이해관계가 대립하고 라틴 아메리카에서 통일 국가가 등장하는 것을 경계했던 미국과
영국의 방해로 뜻을 이루지 못했답니다. 결국 1830년 그란 콜롬비아는 해체되었죠.

퀴즈 그란 콜롬비아에 속하지 않는 나라는?
① 콜롬비아   ② 미국

라틴 아메리카 독립을 이끈 사람들

볼리바르 외에도 라틴 아메리카 독립을 이끈 영웅은 많이 있어요. 카리브해의 섬나라 아이티는 프랑스의 식민지였어요. 많은 흑인 노예들이 뜨거운 태양 아래의 사탕수수 농장에서 고통받고 있었죠. 흑인 노예 출신인 투생은 흑인들을 이끌고 프랑스와 맞서 라틴 아메리카 최초의 독립국을 세웠어요. 이 밖에도 '페루의 보호자'라 불리는 산 마르틴도 독립 혁명군을 이끌고 아르헨티나, 칠레, 페루를 해방시켰어요. 멕시코는 이달고 신부의 활약으로 스페인으로부터 독립했고요. 독립 영웅들의 활약으로 라틴 아메리카 대부분 지역이 19세기에 독립할 수 있었어요.

퀴즈 프랑스의 식민지였던 아이티를 독립으로 이끈 사람은?
① 투생 ② 투우

일제 강점기 독립군

우리나라는 일본에 나라를 빼앗긴 뒤, 많은 사람이 나라를 되찾기 위해 힘썼어요. 민족 지도자들은 일본의 탄압을 피해 만주와 간도, 연해주 등으로 가 독립운동을 펼쳤어요. 그곳에서 학교를 세우고 독립군 부대를 만들었죠. 독립군은 일본군을 공격하거나 압록강과 두만강을 건너 일본군과 경찰서를 공격했어요. 그중 홍범도 장군이 이끄는 독립군은 봉오동 전투에서, 김좌진 장군과 홍범도 장군이 함께 이끄는 독립군은 청산리 대첩에서 일본군을 크게 물리치기도 했어요. 그분들의 희생과 노력이 지금의 대한민국을 만든 거랍니다.

퀴즈 1920년 청산리 대첩을 승리로 이끌었던 장군은?
① 산 마르틴　② 김좌진

영원한 혁명가

*원료 물건을 만드는 데 들어가는 재료.
*중반 일정한 기간의 가운데쯤 되는 단계 혹은 시기.

*부패하다 도덕적, 정신적으로 타락함.
*몰아내다 몰아서 어떤 영역 밖으로 쫓아냄.

*사연 어떤 일의 복잡한 사정이나 내용.
*단서 어떤 일 또는 사건을 풀 수 있는 실마리.

*노동자 노동력을 제공하고 얻은 임금으로 생활을 유지하는 사람.
*불만 만족스럽지 않아 불쾌한 마음.

*대토지 엄청 넓고 큰 땅.
*소유주 어떤 물건을 자기 것으로 갖고 있어 마음대로 사용하거나 처분할 수 있는 사람.

시위를 중단하고 모두 농장으로 돌아가라!
안 그러면 모두 체포하겠다!
척
으악! 갑자기 총을!
우리는 노예가 아니다!
월급을 올리고 일하기 좋은 환경을 만들어라!
탕 탕 탕
으악!
힘으로 국민의 불만을 잠재울 수는 없다고!
국민을 총으로 위협하다니!

*흩어지다 사방으로 떨어지거나 퍼짐.
*달아나다 서둘러 도망침.

***정신없다** 무엇에 놀라 앞뒤를 생각하거나 사리를 분별할 여유가 없음.
***지치다** 어떤 일에 시달려 기운이 빠짐.

으아아아
데굴
데굴
데굴
쿵
철푸덕
음냐 …
음냐 …

128

***혁명군** 혁명을 위해 싸우는 군대.
***막사** 군대가 거주할 수 있도록 만든 건물.

체 게바라 (1928년~1967년)

체 게바라는 아르헨티나의 부유한 가정에서 자라나 운동과 여행 그리고 문학을 사랑하는 청년이었어요. 의과 대학을 졸업하고 친구와 떠난 여행은 그의 인생을 *송두리째 바꾸었죠. 사람들의 비참한 삶, 불평등에 대한 슬픔과 분노는 그를 혁명가의 길로 이끌었답니다. 그리고 동지들과 함께 쿠바 독재자를 몰아내고 혁명에 성공했어요. 잠시 쿠바의 국립 은행 총재와 장관 등을 지내던 그는 1965년 편지 한 통을 남긴 채 쿠바에서 사라졌어요. 또다시 혁명의 길로 뛰어든 그는 1년 후 볼리비아 반군을 이끌다 처형되었어요. 삶의 마지막 순간까지 자신의 신념을 따랐던 그는 영원한 혁명가로 기억되고 있어요.

*정찰 작전에 필요한 정보를 얻기 위해 적의 상황 혹은 위치를 파악하는 일.
*송두리째 전부 모조리.

***민중** 국가나 사회를 구성하고 있는 사람들.
***뛰어들다** 적극적으로 관계하기 위해 끼어듦.

***헐벗다** 가난하여 옷이 헐어 벗다시피 함.
***잇속** 겉으로 드러나지 않은 알짜 이익.

***식민지** 정치적, 경제적으로 다른 나라에 종속되어 국가로서 주권이 상실된 나라.
***측근** 윗사람을 곁에서 가까이 모시는 사람.

*해방 속박하던 것을 풀어 자유롭게 함.
*발각되다 숨겼던 것이 드러나 알려짐.

***포로** 전쟁에서 사로잡은 적.
***폐쇄하다** 기관이나 시설 따위를 없앰.

***전투기** 빠르고 민첩한 소형 비행기.

*숨다 보이지 않게 몸을 감춤.

*납치하다 강제로 데리고 감.
*당장 일이 일어난 직후 빠른 시간.

*출동하다 부대 따위가 목적을 수행하기 위해 떠남.
*개혁 제도나 기구 따위를 새롭게 고침.

무슨 속셈인지 모르겠으나, 난 이 자리에서 꼼짝하지 않을 거다!
순순히 말을 안 듣네요. 어떡하죠?
일단 끌려가면 생각이 바뀌겠지.
털썩
나랑 함께 가자꾸나, 체 게바라. 오호호홋!
추아아악

체 게바라
표정이
우스꽝스럽게 됐군.
하트 공주님!
모두 당신의
계획이었군요!
응?
늦었어.
이미 그를 잡았거든.
휘이
휘이
치
그 카드
내놔요!
체 게바라는
쿠바 혁명에
꼭 필요한
사람이라구욧!
어딜!
이때를 위해
준비했다!
후웅

*처리하다 문제가 없도록 마무리를 지음.

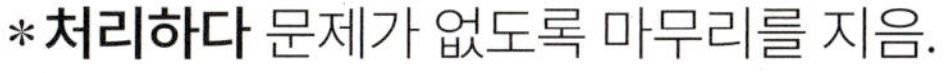

142

***명중** 화살이나 총알 따위가 겨냥한 곳에 정확히 맞음.

위이이잉
전투기가
이리로 날아온다!
공주님을 봤나 봐!
어서 와!
공주님
전투기가 와요!
투 바 바 바 박 
엄마야!
으갸악!
위 이 이 잉

타닥
타닥
타닥
내 카드!
펄렁~
두
두
두
두
안 돼!
휘
릭
릭
릭
돌아왔다!
퍼
엉

무…무서워.
총을 맞으면
끝이야!
우우웅
체 게바라는
포기하고,
일단 살고 보자!
같이 가요,
공주님!
투바바바바
투바밧
혁혁
체 게바라,
같이 숨어요!

*안심하다 걱정을 떨치고 마음을 편히 가짐.
*훌쩍 망설이지 않고 가볍게 길을 떠나는 모양을 나타내는 말.

혁명에 대한 그런 *순수함 때문에 체 게바라를 혁명의 상징으로 생각하는 거야.
대단하다. 전 세계인의 *아픔을 자기 일처럼 여기나 봐.
그랬으니 아르헨티나 사람이 쿠바까지 간 거겠지?
그런데 해리야, 공주님 발자국이 사라지기 전에 쫓아야 하지 않을까?
아차!
당장 떠나자!
두 번이나 막았으니 다음에도 막을 수 있어!
우
우
웅

세상을 바꾼 여행

체 게바라는 원래 의사를 꿈꾸며 아르헨티나에서 의대를 다녔어요. 그러다 친구 알베르토와 모터사이클로 남미 대륙을 여행하면서 빈부 격차로 좌절하며 하루하루 살아가는 농장의 노예들과 광부들, 빈민들을 보고 충격에 빠졌지요. 그리고 의대를 졸업한 뒤 떠난 두 번째 여행 중 과테말라에서 미국 CIA에 의해 군부가 정권을 무너뜨리는 것을 보고 미국에 대해 분노하게 되었죠. 슬픔과 분노는 그를 혁명가의 길로 이끌었습니다. 체 게바라는 이 여행을 통해 인간에 대한 애정, 라틴 아메리카의 통합과 자유에 대한 의지를 굳히고 혁명가로 다시 태어났습니다. 이것을 소재로 만든 영화가 <모터사이클 다이어리>예요.

퀴즈 체 게바라를 혁명으로 이끈 여행에서 타고 다닌 것은?
① 모터사이클　② 모터보트

체 게바라와 쿠바 혁명

쿠바는 1902년 스페인으로부터 독립했어요. 하지만 쿠바의 땅은 미국인과 백인 대지주가
대부분 차지하고 있었기에, 국민은 가난한 삶을 벗어날 수 없었죠. 게다가 미국의 지원을
받는 독재 정권은 점점 부패해 갔어요. 분노한 국민들은 몇 차례의 봉기를 일으켰으나 모두
실패하고 말았어요. 1956년 12월 2일 쿠바에 상륙한 피델 카스트로와 체 게바라 등 열일곱 명의
혁명가들은 게릴라 운동을 펼치기 시작했어요. 마침내 1958년 12월 31일, 독재자 바티스타가
도미니카 공화국으로 도망치며 혁명에 성공했어요.

미국의 라틴 아메리카 지배

미국은 호시탐탐 미국의 남쪽을 자신의 것으로 만들고 싶어 했어요. 그래서 전쟁을 일으켜
캘리포니아, 뉴멕시코와 애리조나 땅을 빼앗았어요. 현재 미군 군사 기지인 관타나모도 쿠바
땅이지만 미국이 소유하고 있죠. 그리고 더 남쪽으로 내려가 태평양과 대서양을 잇는 파나마
운하를 빼앗았어요. 미국은 땅만 빼앗은 것이 아니라 다양한 방식으로 영향력을 확대했어요.
땅을 많이 사들여 몇 가지 작물만 재배하도록 강요하거나 미국에 우호적인 인물을 적극적으로
지원했어요. 라틴 아메리카의 많은 나라가 겉으로는 독립 국가처럼 보였지만 경제적으로,
정치적으로는 미국의 지배 아래에 놓여 있었죠.

퀴즈 현재 미군 군사기지인 관타나모는 원래 어느 나라의 땅인가요?
① 쿠바 　② 스위스

조선의 체 게바라, 김산

김산의 본명은 장지락입니다. 그는 열네 살의 어린 나이에 3.1 운동에 참가했어요. 그리고
이듬해부터 일본과 만주, 상하이, 베이징 등 중국 각지를 돌며 조국의 독립을 위해 노력했어요.
열여덟 살에는 베이징 의과대학에 들어갔고, 그곳에서 독립의 방법으로 사회주의 사상을
받아들였어요. 그리고 한국인과 중국인이 힘을 합쳐 일본을 물리쳐야 우리가 해방될 수 있다고
생각했어요. 하지만 1938년 김산은 억울하게 간첩으로 몰려 중국 공산당에 의해 처형 당했답니다.
다른 나라에서 혁명을 위해 자신을 바쳤다는 점에서 김산은 조선의 체 게바라로 불리곤 해요.

미국 작가인 님 웨일스는 1937년 중국의 루쉰 도서관에서 영어책을 수십 권씩 빌리는 한국인 청년을
만났어요. 그녀는 그에게 '김산'이란 이름을 지어 주고, 그의 삶을 기록한 〈아리랑(Song of Ariran)〉이란
책을 썼어요. 2005년 대한민국 정부는 김산의 후손에게 독립운동의 공로로 건국 훈장 애국장을,
작가 님 웨일스에게는 독립운동을 알린 공로로 문화 훈장을 수여했어요.

퀴즈 작가 님 웨일스가 김산의 삶을 기록한 책의 제목은?
① 애국가 ② 아리랑

축구 황제, 펠레

* **대단하다** 수준이 매우 높고 뛰어남.

유명해지기 전인
어릴 때 데려가서
하트 왕국만의
축구 리그를 만들 거야.
공주님,
마침 아이들이 축구를
하고 있어요.
펠레 집이
어디인지 물어보자.
왕국에
흥미진진한 볼거리가
생기겠군요.
두런 두런

펠레 집을
알려 달라고?

응.
이 근처라던데?

모르는 사람한테
함부로 알려 줄 수는
없지.

펠레는
우리 동네의
보물이니까.

난 펠레를 정식으로
스카우트하려고 왔어.

이분은
예비 구단주님이시지.

알려 주면
이 축구공을 선물로
줄게.

선수들이나
쓰는
가죽 축구공?

진짜
구단주인가 봐!

***공터** 집이나 밭 따위가 없어 비어 있는 땅.

뻥
이거나
받아라!

으악!
파
파
팡

*괜히 아무 이유나 실속이 없이.
*역사상 역사에 나타나 있는 사실의 바탕.

***마침** 어떤 경우나 기회에 알맞게. 또는 공교롭게.

펠레 (1940년~2022년)

현재까지 축구 경기에서 가장 많은 골을 넣은 사람은 누구일까요? 바로 브라질의 축구 선수 펠레예요. 펠레의 본명은 에드손 아란테스 두 나시멘투예요. 그는 1940년 브라질의 가난한 마을에서 태어나, 인종 차별에도 굴하지 않고 축구 선수의 꿈을 키웠어요. 그리고 열여덟 살에 국가 대표가 되어 월드컵에 출전해 브라질에 월드컵 우승을 세 번이나 안겨 주면서 국민 영웅으로 많은 사랑을 받았지요. 펠레는 총 1,363회의 경기에서 무려 1,281개의 골을 넣었는데, 이 *기록은 아직 깨지지 않고 있어요.

*앳되다 나이에 비해 어려 보임.
*기록 운동 경기나 시합 따위에서 세운 결과를 수치로 나타냄.

운이 좋군.
펠레를
바로 만나다니.
이젠
그를 지키기만
하면 돼.
기자로 변장해서
인터뷰하는 척
따라가야겠다.

그런데
어떻게 펠레
가까이 가지?
응?
펠레,
잠깐 시간 좀
내줄래요?
?

*담당 어떤 일을 맡아 하는 사람.
*가난 살림살이가 넉넉하지 못해 어렵고 곤란한 상태.

*도움 어떤 일이 잘되도록 거들고 보탬을 주는 일.
*명문 이름 있는 좋은 지위.

***덩치** 몸의 부피.
***입단** 어떤 단체에 가입함.

다 왔어요.
우리 집이에요.
여기가
축구 황제가 자란 곳.
감독님이
오실 시간이 다 된 것 같아요.
너무 떨려요.
부웅~
우리 역시
떨리네요.
끼이익
어?

덜컥

*영입하다 어떤 단체의 일원으로 받아들임.

***기자** 신문, 잡지, 방송 따위에 실을 기사를 취재하여 쓰고 편집하는 사람.
***부탁하다** 어떤 일을 해 달라고 청하거나 맡김.

저 많은 돈이
어디서 났지?
마법으로 만든
가짜일 거야!

나는 나라를
세울 정도로 큰 힘을 가졌거든.
내 이름을 빛내 줄 스포츠 영웅을
찾고 있지.
네…에?

단,
조건이 있어!

그래서
실력을 확인하기 위해
당장 시합을 해봤으면
하는데.
널 지금 데려갈지
더 크면 데려갈지
고민이 되거든.
이분도
축구 천재거든.

얼마든지요.
축구 천재라고?!

어…어떻게
돌아가는 거야?
좀 더 지켜보자.

파이팅
두
웅

자연스럽게
3대 3 시합이 되었군.
펠레 선수가
실력이 좋아도
경기니까 숫자는
맞춰야죠.
공주가 언제
카드를 꺼내 들지 모르니
시합을 함께 뛰어서라도….
절대 펠레 곁을
떠나면 안 돼.

공이 오면
나한테 넘겨줘요.
알았어요.
툭

좌아악
으악!
너무 거칠잖아!
통
통
아!
동네 축구에 규칙이 어딨어!
실례!
휘익
어어…?

세로, 잡아!
그렇게 하면 진짜 반칙이에요!
공주님 공이야. 내놔!
사뿐
익!
촤아악
치잉이~
안 되겠다. 내가 막을래!
후후

!!
실례합니다.
뻥
쌔앵
으꺄!
너무 구석이야!
좌악!
골인!
선제골이다!

***실력** 실제로 갖추고 있는 힘이나 능력.
***괴물** 괴상한 사람을 비유적으로 이르는 말.

174

*패하다 이기지 못하고 짐.
*일부러 어떤 목적이나 생각을 가지고.

*터무니없다 허황되고 정당한 이유가 전혀 없음.
*정정당당하다 공정하고 떳떳함.

이거 놔!
공주님 거야!
못 놓죠!
몬테수마 2세와 아타우알파도 내놔!
슈아아악
부
욱
엄마야!
몽땅 풀려난다!

카드도 찢어지고
인물도 다 놓치고!
이게 뭐야!
완전 실패예요.
공주님!
분하지만,
다음 기회를 노릴 수밖에!
쓱!
앗!
우당탕
뾰롱
두고 보자!
해리, 그루!
공주님,
같이 가요!
우우우웅
팟!

용감하게 뛰어든 덕분에 공주님을 막았어. 잘했어, 해리야.
잘 해결되어 다행이야.
여기 봐. 공주님이 찢어 간 페이지도 찾았어.

고마워요. 덕분에 이상한 사람들을 잘 피했네요.
이젠 브리투 감독님만 기다리면 되겠군요?
아이고, 머리야….
어?
차 안에서 사람 소리가 들려.

스윽
감독님!

펠레,
좋은 소식이 있다.
뭔데요?

명문 축구 클럽인
산투스에서
너를 보고 싶어 해.
정말요!

잘됐다.
열다섯이지만 꿈에 그리던
프로 팀에 들어가나 봐.
펠레는 이후 팀을
여러 차례 승리로 이끌며
단숨에 유명해져.
월드컵에서 세 번이나
우승하고.
대단하다.
왜 축구 황제라 불리는지
알 거 같아.

***무사히** 사고 없이 편안하게.
***복구되다** 손실되기 이전 상태로 됨.

찢어진 종이를 다시 붙이자.
와아! 책이 원래대로 돌아왔어!
신기하다.
스스스
열심히 일했더니 배고프다. 다들 옥수수 토르티야 어때?
역시 그루밖에 없어! 부탁해.
LIVE 세계사 ⑪ 라틴 아메리카 편 끝.

라틴 아메리카 축구 역사

라틴 아메리카 어느 곳을 가든 언제나 축구를 즐기는 사람들을 볼 수 있어요. 축구 경기라도 있는 날이면 대륙 전체가 들썩이지요. 유명한 축구 선수로는 펠레, 마라도나, 네이마르, 메시 등 헤아리기 어려울 정도예요. 라틴 아메리카 사람에게 축구를 전해 준 것은 영국 선원이에요. 배가 아르헨티나 수도 부에노스아이레스나 우루과이의 수도 몬테비데오의 항구에 도착하면, 영국 선원들은 무역품을 배에서 내리는 동안 축구를 하곤 했어요. 영국 사람들이 모여 축구를 하는 것을 보면서 라틴 아메리카 사람들도 하나둘 따라 하게 되었죠. 축구는 항구의 가난한 사람들에게서 시작해, 점차 라틴 아메리카 전역에서 즐기는 스포츠가 되었어요.

축구와 인종 차별

라틴 아메리카 축구 역사에도 어두운 면이 있어요. 바로 인종 차별이에요. 브라질 축구 역사 초기에는 축구 클럽 선수 대부분이 백인이었어요. 브라질 대통령은 1921년 코파 아메리카컵에 혼혈들은 대회에 나가지 말라는 어처구니없는 지시를 내렸죠. 국가의 체면을 위해서라는 이유였어요. 하지만 나중에는 인종보다 실력을 우선시하면서 흑인과 혼혈 선수들이 빠르게 늘어났어요. 인종의 벽이 무너지자 세계 무대에서 브라질 축구 팀은 새로운 역사를 쓰기 시작했고, 펠레라는 축구 영웅이 등장할 수 있었어요.

퀴즈 1921년 코파 아메리카컵에는 ○○ 차별로 혼혈은 출전할 수 없었어요.
① 지역　② 인종

브라질의 영원한 맞수 아르헨티나

브라질에 펠레가 있다면 아르헨티나에는 전설적인 축구 스타 마라도나가 있어요. 어릴 때부터 재능이 뛰어나 축구 신동이라고 불렸죠. 그는 명문 보카 주니어스 청소년 팀에 있을 때 팀을 136경기 무패로 이끌기도 했어요. 엄청난 실력 덕분에 열다섯 살에 성인 팀에 들어갔고, 1982년부터 1994년까지 네 차례 걸쳐 월드컵에 출전했으며 1986년 아르헨티나 월드컵 우승과 1990년 준우승을 이끌었어요. 브라질과 아르헨티나의 축구 신화는 지금도 계속되고 있답니다. 최근에는 아르헨티나의 리오넬 메시, 브라질의 네이마르 등이 그 신화를 이어 가고 있어요.

한국 월드컵의 역사

FIFA(국제 축구 연맹)가 주최하는 월드컵은 단일 종목으로는 세계에서 가장 큰 스포츠 행사예요. 월드컵은 4년에 한 번씩 열리고 있어요. 우리나라가 월드컵 본선에 처음 나선 것은 1954년 스위스 월드컵이에요. 비록 세계 최강 헝가리에 0대 9로 패했지만 우리는 첫걸음을 내디뎠지요. 현재 우리나라 국가 대표 팀은 1954년과 1986년~2022년까지 열한 번에 걸쳐 FIFA 월드컵 본선에 진출했어요. 최고 성적은 2002년 한일 월드컵이었죠. '붉은 악마' 응원단이 등장하고 온 국민이 거리로 나와 하나가 되는 응원을 했어요. 그리고 온 국민과 선수들이 힘을 합쳐 월드컵 4강에 진출하는 '신화'를 이룩했습니다. 2022년 카타르 월드컵에서도 16강에 진출하며 꾸준히 축구 강국으로 전진하고 있습니다.

④
1492년 스페인의 코르테스는 아메리카 대륙을 발견하였다.
○ ⑩으로 이동
Ⅹ ②로 이동

③
아스테카와 잉카보다 훨씬 오래된 마야 문명이 있었다.
○ ④로 이동
Ⅹ ⑤로 이동

②
페루 국기에는 독수리와 선인장, 뱀을 그린 문양이 있다.
○ ⑩으로 이동
Ⅹ ⑥으로 이동

⑧
몬테수마 2세는 '그란 콜롬비아'라는 비전을 제시하기도 했다.
○ ⑩으로 이동
Ⅹ ⑫로 이동

출발!

①
멕시코 일대에 아스테카 문명, 안데스 고원 일대에 잉카 문명이 발전하였다.
○ ③으로 이동
Ⅹ ⑤로 이동

⑦
시몬 볼리바르를 '라틴 아메리카의 해방자'라고 부른다.
○ ⑨로 이동
Ⅹ ⑤로 이동

듬이가 라틴 아메리카 역사와 문화 ○Ⅹ 퀴즈에 도전했어요.
답을 골라 번호로 이동하여 마지막 칸으로 골인해 보세요.

11
'페루의 보호자'라 불리는 아타우알파는
아르헨티나, 칠레, 페루를 해방시켰다.
O ⑩으로 이동
X ⑧로 이동

10
문제를 다시
풀어 보세요.

12
멕시코는 이달고
신부의 활약으로
스페인으로부터
독립하였다.
O ⑬으로 이동
X ⑤로 이동

5
다시 처음으로
돌아가세요.

9
흑인 노예 출신인 투생은
라틴 아메리카 최초의
독립국 아이티를 세웠다.
O ⑪로 이동
X ⑤로 이동

6
피사로는
잉카 제국을
멸망시켰다.
O ⑦로 이동
X ⑩으로 이동

13
체 게바라는
게릴라전을 펼쳐 쿠바 혁명에
성공하였다.
O ⑭로 이동
X ⑩으로 이동

도착!

14

힌트를 읽고 다음 초성에 해당하는 단어를 맞혀 보세요.

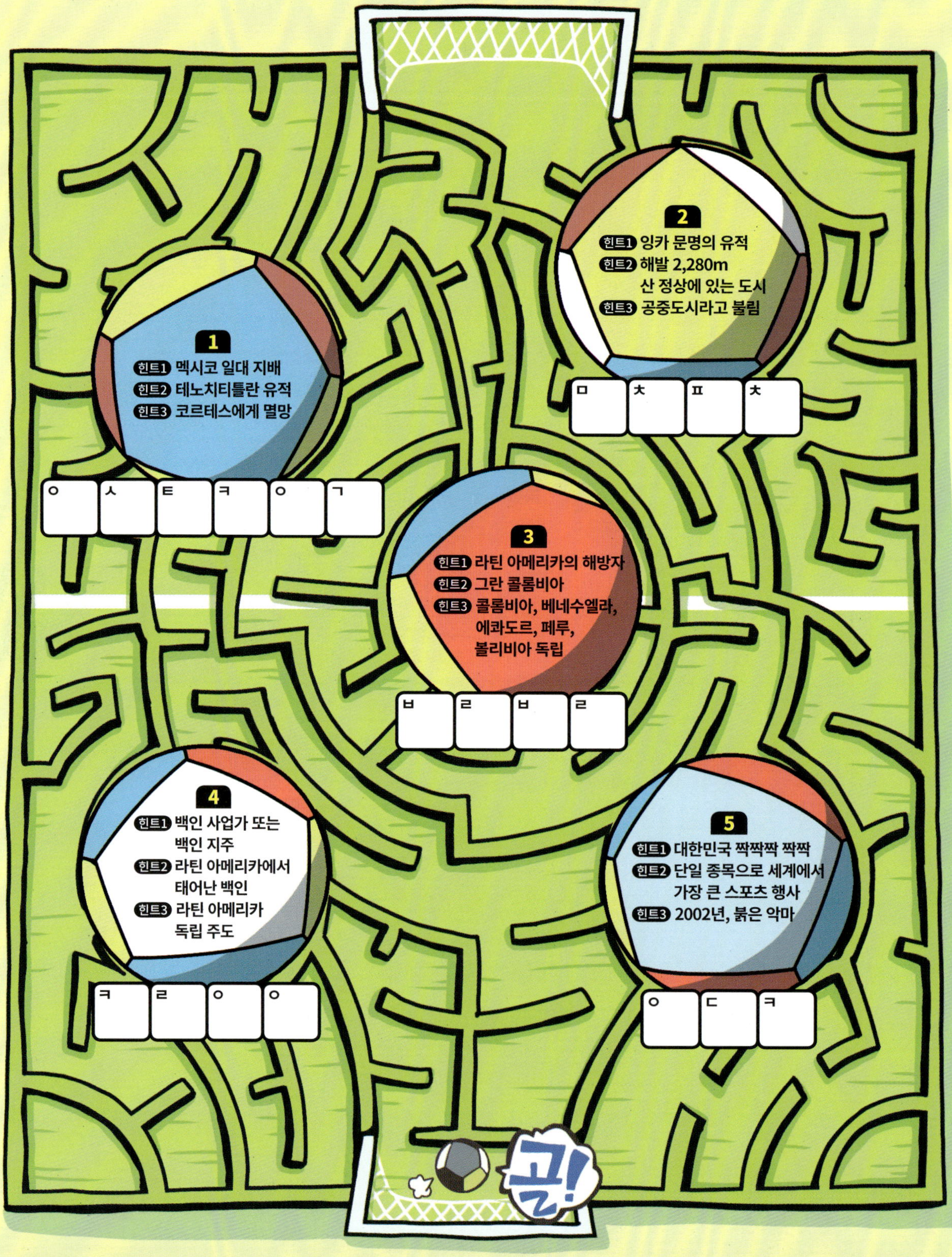

1
- 힌트1 멕시코 일대 지배
- 힌트2 테노치티틀란 유적
- 힌트3 코르테스에게 멸망

ㅇ	ㅅ	ㅌ	ㅋ	ㅇ	ㄱ

2
- 힌트1 잉카 문명의 유적
- 힌트2 해발 2,280m 산 정상에 있는 도시
- 힌트3 공중도시라고 불림

ㅁ	ㅊ	ㅍ	ㅊ

3
- 힌트1 라틴 아메리카의 해방자
- 힌트2 그란 콜롬비아
- 힌트3 콜롬비아, 베네수엘라, 에콰도르, 페루, 볼리비아 독립

ㅂ	ㄹ	ㅂ	ㄹ

4
- 힌트1 백인 사업가 또는 백인 지주
- 힌트2 라틴 아메리카에서 태어난 백인
- 힌트3 라틴 아메리카 독립 주도

ㅋ	ㄹ	ㅇ	ㅇ

5
- 힌트1 대한민국 짝짝짝 짝짝
- 힌트2 단일 종목으로 세계에서 가장 큰 스포츠 행사
- 힌트3 2002년, 붉은 악마

ㅇ	ㄷ	ㅋ

도전 세계사 놀이 퀴즈·인물 잇기

라틴 아메리카에서 기원한 작물인 옥수수 사다리를 따라
역사 인물들의 업적을 확인해 보세요.

아타우알파
체 게바라
펠레
볼리바르
피사로

"나는 등 번호 10번.
축구 역사상
최고의 선수라고
불린단다."

"나는
라틴 아메리카의
해방자로 존경받고
있지."

"나는 영원한
혁명가로 불려. 친구와의
모터사이클 여행은
내 삶을 바꾸었지."

"나는 잉카의
마지막 황제야.
스페인의 침략자에게
굴복했지."

"나는 불과
120명으로 잉카
제국을 무너뜨리고
황금을 빼앗았지."

1 다음 내용과 관련 있는 나라는 어디인가요?

아스테카 신화에 따르면 어느 날 신이 나타나 족장에게 말했대. 독수리가 선인장 위에서 발톱으로 뱀을 누르고, 부리로는 뱀을 물고 있는 땅으로 향해 그곳을 수도로 정하라고 말이야. 아즈텍족은 남쪽으로 내려오다가 1218년경 텍스코코 호수에 다다랐고, 바로 이 호수 가운데에 있는 섬에서 신이 말한 모습을 보게 되었어. 그곳이 바로 수도인 테노치티틀란이야.

① 미국　　② 프랑스　　③ 멕시코　　④ 캐나다

2 다음 내용과 관련 있는 문명은 무엇인가요?

① 마야 문명　　② 황허 문명　　③ 이집트 문명　　④ 메소포타미아 문명

3 다음과 같은 역사적 만남이 가져온 결과로 알맞은 것은?

① 아스테카 문명이 등장하였다.
② 아스테카 문명이 성장하였다.
③ 아스테카 문명이 번영하였다.
④ 아스테카 문명이 멸망하였다.

4 우리가 즐겨 먹는 음식 중 원산지가 아메리카가 아닌 음식은?

① 감자

② 배추

③ 고구마

④ 옥수수

5 다음의 라틴 아메리카 독립운동과 거리가 먼 인물은?

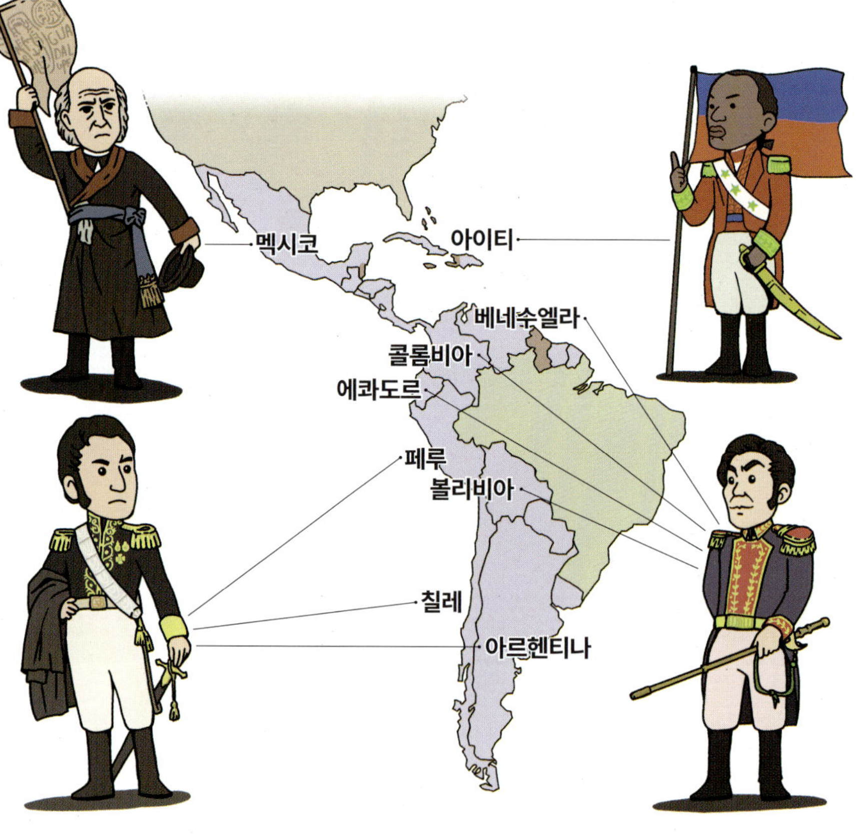

① 산 마르틴   ② 김좌진 장군   ③ 이달고 신부   ④ 볼리바르

6 다음 ㉠에 해당하는 것은 무엇인가요?

콜럼버스의 아메리카 발견 이후 황금에 눈이 먼 스페인인들이 아메리카를 침략했어. 1519년 코르테스는 아스테카 왕국을 정복했고, 10여 년 후에는 피사로가 잉카 제국을 멸망시켰지. 하지만 이보다 더 무서운 것은 침략자들과 함께 온 전염병 ㉠ 였어. 면역력이 없던 원주민들은 고통 속에 죽어 갔어. 불과 100여 년 만에 원주민의 90% 정도가 이 땅에서 사라졌단다.

① 천연두　　　② COVID 19　　　③ 고뿔　　　④ 빈혈

7 다음에서 설명하는 인물은 누구인가요?

역사상 가장 위대한 축구 선수로, 현재까지 축구 경기에서 가장 많은 골을 넣은 선수이자 브라질에 월드컵 우승을 세 번이나 안겨 준 국민 영웅이다.

① 손흥민　　　② 펠레　　　③ 안정환　　　④ 마라도나

8 다음 내용과 관련 있는 인물은 누구인가요?

별이 그려져 있는 검은 베레모를 눌러쓰고, 먼 곳을 응시하고 있는 그림으로 더 유명한 인물, 영원한 혁명가!
그는 의과 대학을 졸업하고 친구와 떠난 여행에서 힘든 삶과 불평등을 보고 혁명가의 길로 들어섰단다. 그리고 동지들과 함께 쿠바 독재자를 몰아내고 잠시 국립 은행 총재와 장관 등을 거쳤지. 그러던 1965년 그는 한 통의 편지만 남긴 채 쿠바에서 사라졌어.

① 몬테수마 2세　　② 아타우알파　　③ 카스트로　　④ 체 게바라

다음 내용과 관련 있는 사람과 책의 이름을 바르게 짝지은 것은?

① 체 게바라 – 모터사이클 다이어리
② 님 웨일스 – 금강산
③ 님 웨일스 – 아리랑
④ 피델 카스트로 – 아바나 선언

도전 세계사 놀이 퀴즈·OX 퀴즈
④ 1492년 스페인의 코르테스는 아메리카 대륙을 발견하였다.
⑪ '페루의 보호자'라 불리는 아타우알파는 아르헨티나, 칠레, 페루를 해방시켰다.
③ 아스테카와 잉카보다 훨씬 오래된 마야 문명이 있었다.
② 페루 국기에는 독수리와 선인장, 뱀을 그린 문양이 있다.
⑤ 다시 처음으로 돌아가세요.
⑧ 몬테수마 2세는 '그란 콜롬비아'라는 비전을 제시하기도 했다.
⑫ 멕시코는 이달고 신부의 활약으로 스페인으로부터 독립하였다.
⑨ 흑인 노예 출신인 투생 루베르튀르는 아메리카 최초의 흑인 공화국 아이티를 세웠다.
⑥ 피사로는 잉카 제국을 멸망시켰다.
⑩ 문제를 다시 풀어 보세요.
⑬ 체 게바라라는 이름을 떨쳐 쿠바 혁명을 성공시켰다.
① 안데스 일대에 아스테카 문명이 잉카 시대에 번영하였다.
⑦ 시몬 볼리바르를 '라틴 아메리카의 해방자'라고 부른다.
출발!
도착!
등이가 라틴 아메리카 역사와 문화 OX에 도전했어요. 답을 골라 번호로 이동하며 마지막 칸으로 골인해 보세요.

도전 세계사 놀이 퀴즈·초성 퀴즈
힌트를 읽고 다음 초성에 해당하는 단어를 맞혀 보세요.
① 힌트1 멕시코 일대 지배 힌트2 테노치티틀란 유적 힌트3 코르테스에게 멸망
아스테카왕국
② 힌트1 잉카 문명의 유적 힌트2 해발 2,280m 산 정상에 있는 도시 힌트3 공중도시라고 불림
마추픽추
③ 힌트1 라틴 아메리카의 해방자 힌트2 그란 콜롬비아 힌트3 콜롬비아, 베네수엘라, 에콰도르, 페루, 볼리비아 독립
볼리바르
④ 힌트1 백인 사업가 또는 백인 지주 힌트2 라틴 아메리카에서 태어난 백인 힌트3 라틴 아메리카 독립 주도
크리오요
⑤ 힌트1 대한민국 짝짝짝 짝짝 힌트2 단일 종목으로 세계에서 가장 큰 스포츠 행사 힌트3 2002년, 붉은 악마
월드컵

도전 세계사 놀이 퀴즈·인물 잇기
라틴 아메리카에서 기원한 작물인 옥수수 사다리를 따라 역사 인물들의 업적을 확인해 보세요.
아타우알파
체 게바라
펠레
볼리바르
피사로
"나는 등 번호 10번. 축구 역사상 최고의 선수라고 불린다."
"나는 라틴 아메리카의 해방자로 존경받고 있지."
"나는 영원한 혁명가로 불려. 친구와의 모터사이클 여행은 내 삶을 바꾸었지."
"나는 잉카의 마지막 황제야. 스페인의 침략자에게 굴복했지."
"나는 불과 120명으로 잉카 제국을 무너뜨리고 황금을 빼앗았지."

1 답 ③

아스테카 왕국의 수도 테노치티틀란은 현재 멕시코의 수도인 멕시코시티가 되었다.

2 답 ①

마야 문명에서 사용한 달력과 숫자이다.

3 답 ④

몬테수마 2세와 스페인 침략자 코르테스의 만남은 아스테카 왕국을 멸망으로 이끌었다.

4 답 ②

감자, 고구마, 옥수수는 모두 라틴 아메리카에서 전 세계로 퍼진 작물이다.

5 답 ②

김좌진 장군은 일본에 맞서 싸운 독립운동가로, 청산리 대첩에서 일본군을 크게 물리쳤다.

6 답 ①

아메리카 원주민들은 유럽의 침략자들과 함께 온 전염병 천연두로 고통 받았다.

7 답 ②

현재까지 축구 경기에서 가장 많은 골을 넣은 선수이자 브라질에 월드컵 우승을
세 번이나 안겨 준 축구 선수는 펠레이다.

8 답 ③

동료와 함께 쿠바 혁명을 성공시킨 뒤 또다시 혁명의 길로 뛰어든 혁명가는 체 게바라이다.

9 답 ④

미국 작가인 님 웨일스는 중국에서 만난 독립운동가 김산의 삶을 기록한 〈아리랑〉을 남겼다.

라틴 아메리카

마추픽추

기원전

2000년경 마야 문명 시작

기원후

300년경 마야 문명 번성

1400년경 아스테카 문명, 중앙 멕시코 지배

1440년경 잉카 제국, 안데스 지역 지배

1492년 스페인의 콜럼버스, 아스테카 왕국에 도착

1521년 스페인의 멕시코 정복, 아스테카 왕국 멸망

1532년 스페인의 피사로, 잉카 제국 정복

1804년 아이티, 프랑스로부터 독립

1809년 멕시코와 에콰도르에서 독립운동 발발

1811년 베네수엘라, 파라과이, 에콰도르의 독립 선언

1812년 베네수엘라의 산 마르틴, 남아메리카 독립운동 지휘

1819년 콜롬비아, 스페인으로부터 독립

1825년 볼리바르, 볼리비아 독립 쟁취

1910년 멕시코 혁명(~1917년)

1958년 스웨덴 월드컵, 펠레의 브라질 우승

1959년 쿠바 혁명

1999년 20세기 최고의 축구 선수, 펠레 선정

볼리바르

체 게바라

펠레

세계사	한국사

세계사

기원전

- 770년 — 중국, 춘추 전국 시대 시작
- 750년경 — 그리스, 폴리스 성립
- 330년 — 로마, 콘스탄티노폴리스로 수도 이전
- 221년 — 진, 중국 통일

기원후

- 395년 — 로마 제국, 동서로 분열
- 476년 — 서로마 제국 멸망
- 610년 — 무함마드, 이슬람교 창시
- 962년 — 신성 로마 제국 성립
- 1066년 — 노르만, 잉글랜드 정복
- 1206년 — 칭기즈 칸, 몽골 장악
- 1299년 — 오스만 튀르크 제국의 성립
- 1337년~1453년 — 영국과 프랑스, 백년 전쟁
- 1776년 — 미국, 독립 선언
- 1789년 — 프랑스 혁명
- 1840년 — 청, 아편 전쟁
- 1914년 — 사라예보 사건, 제1차 세계 대전 발발

한국사

기원전

- 57년 — 신라 건국
- 37년 — 고구려 건국
- 18년 — 백제 건국

기원후

- 660년 — 백제 멸망
- 668년 — 고구려 멸망
- 676년 — 신라, 삼국 통일
- 698년 — 발해 건국
- 918년 — 왕건, 고려 건국
- 936년 — 고려, 후삼국 통일
- 1392년 — 고려 멸망, 조선 건국
- 1446년 — 훈민정음 반포
- 1894년 — 동학 농민 운동
- 1897년 — 대한 제국 수립
- 1910년 — 한일 합병 조약
- 1919년 — 대한민국 임시 정부 수립
- 1945년 — 8.15 광복

사진 출처

27 **몬테수마 2세** | 위키피디아 ©Antonio Rodriguez

46 **테노치티틀란** | 위키피디아

47 **테노치티틀란 재현도** | 위키피디아

48, 190 **마야의 달력** | 위키피디아 ©Anagoria

　　마야의 수 | 위키피디아 ©Bryan Derksen

　　마야 태양의 피라미드 | 위키피디아 ©Daniel Case

60 **아타우알파** | 위키피디아

80 **잉카의 길** | 위키피디아 ©Aga Khan (IT)

81, 198 **마추픽추 건물** | 위키피디아 ©Colegota

　　마추픽추 전경 | 위키피디아 ©Martin St-Amant

89, 198 **시몬 볼리바르** | 위키피디아 ©Jose Gil de Castro

129, 198 **체 게바라** | 위키피디아 ©Alberto Korda

155, 193, 198 **펠레** | 위키피디아 ©John Mathew Smith

192 **감자** | ©천재포토

　　배추 | ©천재포토

　　고구마 | ©천재포토

　　옥수수 | ©천재포토